AF299591

NOTICE NÉCROLOGIQUE

SUR

M. L'ABBÉ THUILLIER

VICAIRE GÉNÉRAL DE REIMS

PAR

M. L'ABBÉ JACQUENET.

REIMS

P. DUBOIS, IMP. DE S. E. MONSEIGNEUR LE CARDINAL,

RUE DE L'ARBALÈTE, 9.

—

1862

NOTICE NÉCROLOGIQUE

SUR

M. L'ABBÉ THUILLIER

VICAIRE GÉNÉRAL DE REIMS

Dieu vient de rappeler à lui un vénérable prêtre
du clergé de Reims, qui, dans les postes les plus
humbles comme dans les plus honorables, fut constamment un modèle des vertus sacerdotales. Il ne
conviendrait pas de laisser une si belle vie s'éteindre
sans lui rendre un hommage public; il ne serait pas
bon de donner seulement un souvenir isolé et fugitif à
une existence si édifiante. Nous aurions voulu, il est
vrai, que cette justice fût rendue et que cette instruction fût présentée par une autre plume que la nôtre;
mais, nous le dirons sans détour, nous avons accepté
volontiers l'invitation de remplir cette double tâche.
On pouvait, sans doute, y apporter plus de compé-
tence; on n'y pouvait pas mettre plus d'affection.

M. Jean-Baptiste Thuillier naquit, en 1795, à
l'Echelle, paroisse du canton de Rumigny, département des Ardennes. Ses parents lui transmirent un
patrimoine plus précieux que la fortune temporelle;
il en reçut cette foi antique qui, devenant en lui

1862

comme une seconde nature, exerça sur toute sa vie une si heureuse influence. Lorsque le culte public fut rétabli en France, par suite du Concordat de 1801, la paroisse de l'Echelle eut pour curé M. Bida. Ce vénérable confesseur de la foi, dont le zèle avait été éclairé et agrandi par les rigueurs de l'exil, ne s'appliquait pas seulement à tirer la religion de ses ruines, dans sa modeste paroisse ; il avait encore en vue de relever l'édifice capital du sanctuaire. Cette pensée lui fit discerner et prendre en affection le jeune Thuillier. Après s'être assuré de ses dispositions et de son caractère, il lui apprit les éléments de la langue latine ; et, quand le moment lui parut convenable, il l'envoya, en 1812, au petit-séminaire de Charleville.

Malgré la rapidité de ses premières études, M. Thuillier fut jugé capable d'entrer en troisième. Sans y songer, il se concilia promptement l'affection de ses condisciples et l'estime de ses nouveaux maîtres. Il ne tarda pas non plus à exercer beaucoup d'influence sur les élèves du petit-séminaire par sa modestie, sa régularité et sa piété sympathique. Les élèves du collége ressentirent eux-mêmes les heureuses impressions de sa vertu, et, apôtre improvisé, par sa douceur et sa charité il en ramena plusieurs à Dieu. On connaît assez parmi nous les rapports qui existent entre les deux établissements dont nous parlons, depuis leur origine, en 1807 ; nous dirons seulement, pour les personnes qui pourraient ignorer ce détail, qu'ils sont situés dans des bâtiments contigus et que les élèves du petit-séminaire suivent les cours du collége. Cet arrangement peut paraître singulier au premier abord ; mais, grâce à la sagesse du personnel des deux maisons et à l'efficacité des bonnes coutumes, il a en sa faveur le témoignage suprême d'une heureuse expérience.

M. Thuillier s'était préparé par de bonnes études classiques à l'étude de la théologie. Dans la dislocation de l'antique diocèse de Reims, accomplie en haine d'un passé illustre, le département des Ardennes avait été annexé au diocèse de Metz. Mais les événements politiques qui marquèrent la chute du premier empire, ne permettant pas aux élèves originaires des Ardennes d'aller suivre les cours du séminaire de la ville épiscopale, on avait établi, pour y suppléer, un cours de théologie au petit-séminaire de Charleville. Ce fut là que M. Thuillier fit son noviciat ecclésiastique. Il eut l'avantage d'avoir pour professeurs le vénérable M. Didier, et surtout le digne frère du curé de sa paroisse d'origine, M. Bida, ce prêtre à l'enveloppe un peu rude, mais au cœur d'or, qui, assistant plus tard, en 1840, comme membre du Chapitre métropolitain, à l'installation de Monseigneur Gousset sur le siége archiépiscopal de Reims, et réduit, par sa surdité, à être spectateur de la cérémonie, demandait à un des auditeurs, après le discours du nouveau Prélat : « Monseigneur a-t-il parlé du Pape ? » et, sur la réponse affirmative, ajoutait, avec un accent de bonheur et de confiance : « C'est bon ! » Ce trait, qui peint le maître, n'est pas sans importance pour la vie du disciple. Effectivement, M. Thuillier montra toujours, par la sincérité de son dévouement à l'Eglise Romaine, qu'il avait été nourri de la saine doctrine. Une intelligence exercée, un jugement droit et un cœur pieux étant les principales conditions requises pour étudier avec fruit la science de la religion, le nouveau séminariste

était bien disposé pour s'y appliquer avec succès.
Aussi, ses progrès dans la théologie firent-ils conce-
voir dès lors de lui de belles espérances. Il croissait
en même temps dans l'estime de ses maîtres et dans
l'affection de ses condisciples. L'heureuse influence
qu'il avait exercée, dans ses premières études, s'étendait
et se fortifiait à mesure qu'il parcourait les degrés qui
aboutissent au sanctuaire. Cette influence ne s'impo-
sait à personne, mais elle était acceptée de tous. Choisi
pour faire le catéchisme aux enfants de la première
communion de la paroisse de Charleville, il s'acquitta
de ce premier ministère à [la grande satisfaction du
clergé paroissial, des parents et des maîtres. Un mot
prononcé, sur cette époque de sa vie, par une bouche
grave nous dispensera d'en dire davantage. M. Del-
vincourt, supérieur du petit-séminaire de Charleville,
curé de cette paroisse et pro-vicaire de Monseigneur
Jauffret, évêque de Metz, pour le département des Ardennes, dit un jour, en parlant de notre séminariste :
« Je vois dans M. Thuillier une copie fidèle de
» Notre-Seigneur. » Ce jugement, qui, venant
d'un homme de premier mérite, d'un confesseur de
la foi, est un si bel éloge des années de la clérica-
ture de M. Thuillier, devait se vérifier de plus en
plus dans tout le cours de sa carrière sacerdotale.

Ordonné prêtre, le 11 Juin 1849, après trois années
de théologie, M. Thuillier fut nommé d'abord vicaire
à Mézières, et aumônier de l'hospice de cette ville.
Il contribua efficacement à ranimer la piété dans la
paroisse, et la fit fleurir dans le palais de la charité
et des pauvres. Ce fut là qu'il débuta dans ce ministère si délicat et si important de la direction des

communautés religieuses, où il devait exceller. Sa jeunesse ne fut point un obstacle à la confiance ; et dès qu'il fut connu, il conquit, sans y songer, comme toujours, l'estime universelle. On a remarqué dans la vie d'un illustre Ardennais, Monseigneur Nanquette, mort de nos jours évêque du Mans, que, par une singulière coïncidence, les diverses fonctions ecclésiastiques qu'il avait remplies se comptaient par périodes de six années. La vie de son compatriote, M. Thuillier, offre quelque chose de semblable dans les ministères qu'on pourrait appeler préparatoires. Seulement, la durée des périodes est ici de quatre ans. Ainsi, après quatre ans passés dans les fonctions de vicaire et d'aumônier de l'hospice à Mézières, M. Thuillier fut envoyé à Sedan pour remplir le même ministère, et il s'en acquitta avec le même zèle et la même édification. Au terme de quatre ans, il fut nommé curé de Gespunsart, paroisse importante et difficile, où il fit un bien immense. Après quatre nouvelles années, il fut nommé vicaire de la cathédrale de Reims. Son premier sermon, à Notre-Dame, fit si bien augurer de son ministère, que Monseigneur de Rouville dit alors, en parlant de lui : « Nous avons » à la cathédrale un nouveau vicaire qui ne se prêche » pas lui-même, mais qui prêche la parole de Dieu. » Les vertus sacerdotales qu'il réunissait à un degré remarquable, appuyèrent heureusement cette première impression. Il fut promptement entouré de l'estime de tous et honoré de la confiance particulière d'un grand nombre. Les supérieurs ecclésiastiques, reconnaissant son aptitude pour la direction des âmes dans les voies de la perfection, et comptant avec raison sur son dévouement, le chargèrent d'entendre les confessions des religieuses de la Visitation, de l'Hôpital-Général, de la Compassion et de quelques autres communautés. Il justifia pleinement les espérances que l'on avait conçues de lui, et le renouvellement dans la piété, l'union, la paix, furent les heureux fruits que les communautés dont il était chargé recueillirent de sa sollicitude.

Il s'appliquait depuis quatre ans à ce double ministère, lorsqu'il fut nommé curé-doyen de Verzy. Une perte bien sensible pour sa piété filiale marqua son passage du vicariat de Notre-Dame à son nouveau poste. Le déménagement était à peu près complet, lorsque son excellente mère, qui l'accompagnait, avec sa digne sœur, depuis son ordination, tomba dangereusement malade. Ne pouvant la transporter à Verzy, et n'ayant plus à Reims de quoi soigner convenablement une santé si précieuse, M. Thuillier confia candidement sa peine aux religieuses de l'Hôpital-Général. Heureuses de donner à leur père spirituel un gage de leur reconnaissance dans la personne qui lui était la plus chère au monde, les religieuses s'empressèrent de recevoir parmi elles Madame Thuillier. La pieuse femme était digne de cette hospitalité. Elle vit dans ce concours de circonstances une disposition paternelle de la Providence, qui lui ménageait ainsi la faveur qu'elle avait toujours désirée « de mourir avec des religieuses. » Cet événement, qui comblait les vœux de la mère, remplit le cœur du fils d'une reconnaissance, pour ses bienfaitrices, qui dura autant que sa vie.

Installé à Verzy, il s'employa, avec son zèle accou-

:umé et avec les bénédictions du ciel, à la sanctifica-
tion de ses paroissiens. Par un touchant souvenir
que nous comprenons, et que les religieuses de l'Hô-
ital-Général de Reims aiment à rappeler, il resta
eur confesseur extraordinaire. Sous son administra-
ion, fut résolue, à la satisfaction de tous, grâce à
on esprit équitable et conciliant, l'affaire de la con-
truction d'une église, qui divisait profondément la
aroisse. Sans fléchir sur ce qu'il jugeait convenable,
l sut si bien ménager les susceptibilités des partis,
l fit paraître un dévouement si sincère au bien public,
t il mit tant de charité dans ses rapports avec tous,
ue le projet fut heureusement décidé. Et quand
Ionseigneur Gousset posa la première pierre de l'é-
ifice, il put dire, à la louange des habitants de
erzy et en particulier de leur curé, que, dans le
rincipe, quelques-uns avaient eu tort ; mais qu'à
e moment, ramenés à un même dessein, à un
ême sentiment, ils avaient tous raison. La con-
truction de cet édifice matériel, symbole des
'difices spirituels qu'il travaillait à élever dans les
mes, fut le legs de M. Thuillier à son troupeau.
a sagesse qu'il avait déployée en cette circon-
tance fixa sur lui l'attention du nouvel Archevêque,
t, quatre ans après son entrée à Verzy, en
843, il fut transféré à la cure plus importante de
harleville.

Son zèle, pareil à la flamme qui grandit en
roportion de l'abondance des aliments, parut se dé-
elopper encore dans cette nouvelle paroisse, où l'on
rouve un si grand fonds de foi, et qui était devenue
our lui, par le séjour des belles années de sa jeunesse,

comme une patrie adoptive. Un de ses condisciples, qui resta pour la vie son ami intime, M. Boucaumont, aujourd'hui membre du Chapitre métropolitain, a esquissé heureusement, devant nous, d'un seul trait le tableau de son ministère, en disant qu'il fit à Charleville tout le bien qu'on peut attendre d'un zélé et saint prêtre. Plus que jamais, il se fit tout à tous, pour gagner tous ses paroissiens à Jésus-Christ. Il montra une tendre sollicitude pour l'instruction et l'éducation des enfants ; il donna un soin particulier aux conférences des personnes du sexe ; il établit des réunions spéciales pour les hommes ; et afin d'intéresser plus sûrement la Sainte Vierge au succès de ses travaux, il ranima les saluts du soir, le dimanche, établis sur le modèle de ce qui se pratique à Notre-Dame-des-Victoires de Paris. Le petit-séminaire, où il avait fait ses études, et le collége, dont il se souvenait avec reconnaissance d'avoir suivi les cours ; les maisons d'éducation pour les enfants de l'un et de l'autre sexe, les communautés religieuses, furent l'objet de ses prédilections. Les malades, les pauvres ne pouvaient non plus être oubliés par un cœur tel que le sien. Quoique sans fortune personnelle, il trouvait dans son désintéressement et dans la confiance qu'il inspirait les moyens de donner largement. En se montrant toujours l'homme de Dieu, il réussit constamment à se maintenir en très-bons termes avec les dépositaires de l'autorité civile. Un mot remarquable en son genre, échappé plus tard à un membre de cette fraction de l'administration municipale de Charleville qui s'opposa pendant assez longtemps à la construction, néanmoins si urgente, d'une église, en fournit une preuve inattendue. Voyant s'élever cette magnifique basilique, qui pourrait servir de cathédrale, et à l'aspect de laquelle toutes les idées d'opposition se sont enfin évanouies, et piqué de se voir contraint d'applaudir lui-même au projet dont le triomphe revient pour une bonne part au zèle énergique de M. Cadot, archiprêtre actuel de Charleville, le personnage dont nous parlons dit, avec l'accent du regret : « M. Thuillier devait nous demander une église, et il » l'aurait obtenue; car on ne pouvait rien lui refuser. »

Quatre ans consacrés de la sorte aux fonctions paroissiales, avaient mis M. Thuillier en état de les continuer, sinon avec plus de zèle, du moins avec plus de fruit, par la connaissance qu'il avait acquise de ses paroissiens et par la confiance qu'il s'était attirée, lorsqu'un choix honorable vint le séparer de son troupeau et ouvrir à son activité un plus vaste champ. Monseigneur Gousset, qui avait su apprécier le mérite de M. Thuillier, le nomma l'un de ses vicaires généraux, à la mort de M. Maquart. Ce fut un coup aussi pénible à ses affections qu'à sa modestie ; et, malgré sa soumission habituelle à la volonté de son Archevêque, il eut un moment l'intention de décliner le fardeau qu'on voulait lui imposer. Un ami intime, consulté à ce sujet, lui représenta le bien plus grand qu'il pourrait faire en acceptant; et, confus d'avoir dit, lui aussi : « Que ce calice passe loin de moi! » il ajouta, comme le divin Maître, qu'il prenait pour règle de conduite la volonté de ses supérieurs, et non la sienne.

Devenu vicaire général, au mois de Décembre 1847, il s'appliqua à ses nouvelles fonctions avec le dévouement qu'on attendait de lui et avec un zèle éclairé par l'expérience des ministères inférieurs. A l'égard de Monseigneur l'Archevêque, il était animé d'un dévouement sincère, et il le professa en toutes circonstances, sans ostentation, il est vrai, mais sans détours. Auxiliaire docile et fidèle, il tenait à remplir exactement les volontés et les intentions du Chef du diocèse, en trouvant néanmoins dans son cœur le secret de concilier toujours le respect et l'affection à l'autorité supérieure. Aussi, l'éminent Prélat reconnaissait-il ce dévouement et cet art délicat de l'exercer, par une profonde estime et une entière confiance. Dans ses rapports avec les prêtres du diocèse, M. Thuillier mettait une charité et une bienveillance admirables. Quand il pouvait obliger un ecclésiastique, quand il avait réussi à faire connaître son bon droit et goûter ses raisons, il était heureux, non pas pour lui-même, mais du bonheur qu'il avait procuré. Fallait-il faire des observations pénibles, fallait-il se résoudre à sévir, M. Thuillier le faisait avec tant de bienveillance pour les personnes, on voyait si bien qu'il souffrait de la peine qu'on ressentait, que nul ne conçut jamais contre lui le moindre mécontentement. Animant l'exercice de l'autorité des sentiments qui remplissaient son cœur, il rendait l'administration vraiment paternelle. Chargé pendant quelque temps, sur les instances de Son Eminence et à raison des circonstances, de la direction du petit-séminaire de Reims, il donna le même caractère de paternité au gouvernement de cette maison, où se forment et grandissent les plus chères espérances du sanctuaire.

Les communautés religieuses furent l'objet de sa

sollicitude particulière, et de toutes celles que l'on compte à Reims, il en est peu qui n'aient ressenti son action bienfaisante. La Providence, pour le préparer, ce semble, à ce ministère réservé, avait permis qu'il y fût appliqué dès son entrée dans la carrière sacerdotale. Établi à Reims, comme vicaire général, il y consacra, par devoir et par esprit de foi, une bonne partie de son temps, avec la charité, la prudence et le zèle d'un directeur consommé. Penchant toujours un peu pour l'autorité, il était ferme cependant à la modérer, dès que sa conscience lui en montrait le besoin. Du reste, il regardait chaque communauté confiée à sa sollicitude, comme sa famille spirituelle. Ne faisant acception de personne, il était le père de chacun en particulier. Embrassant les intérêts généraux d'une maison, et descendant, avec la même charité, aux intérêts personnels de ses membres, il partageait les peines pour les soulager, écoutait patiemment les plaintes pour les apaiser ou pour y remédier; et il apportait en cela tant de charité, Dieu bénissait si sensiblement la droiture de ses intentions, qu'il réussissait à entretenir, à ramener le calme, l'union, la paix et le bonheur dans tous les cœurs. C'est le témoignage que lui rendent unanimement les communautés de l'Hôtel-Dieu, de l'Hôpital-Général, de Saint-Marcoul, de la Divine-Providence, dont il était le supérieur; la communauté du Bon-Pasteur, dont il était le confesseur, et surtout le monastère des Carmélites, dont il était en même temps le confesseur et l'aumônier. Plusieurs de ces communautés sont régies au temporel par des administrations laïques; M. Thuillier fut toujours en très-bons rapports avec les membres de ces administrations, et on avait tant d'estime pour son caractère, on était si touché de son dévouement, qu'en toute occasion on se montrait disposé à lui accorder ce qu'il désirait.

Ces fonctions si diverses et si nombreuses n'épuisaient pas encore son zèle. Plein d'activité, sans agitation, il s'intéressait à toutes les œuvres charitables qui se présentaient, favorisait les associations pieuses, et secondait les bonnes œuvres individuelles. Il ne s'ingérait jamais dans les pieuses entreprises ; mais il ne se refusait non plus à rien de ce qui tendait à la gloire de Dieu et au bien du prochain. Nous pourrions révéler ici plusieurs traits de sa charité, qui le fit mourir pauvre, comme il avait vécu, mais ce serait peu de chose auprès de ce qu'il nous a été donné d'en apercevoir et de ce que Dieu en connaît. Un service rendu, une espérance donnée à l'Eglise, inspiraient à son cœur si délicat, si catholique, une bienveillance à toute épreuve, une générosité inépuisable.

Toutes ces vertus extérieures, qui avaient leur principe dans l'esprit de foi, étaient alimentées par l'esprit de prière. Dans le cours de sa carrière sacerdotale, M. Thuillier ne se départit jamais des saintes habitudes contractées au séminaire. Indépendamment du sacrifice de la messe, qu'il offrait comme un saint, et de l'office divin, qu'il récitait comme un ange, il faisait exactement tous les jours la méditation, la lecture spirituelle, la visite au Saint-Sacrement, et tous les jours récitait le chapelet. Il ne s'en dispensait que lorsque des occupations nécessaires l'obligeaient à quitter Dieu pour Dieu, et encore se dédommageait-il alors en s'appliquant à sanctifier spécialement son travail. C'est dans ces exercices de piété qu'il puisait l'énergie nécessaire à la vie du prêtre, qui, plus encore que celle des chrétiens en général, est un combat continuel. C'est là qu'était le foyer de cette charité, de ce zèle, de cette bienveillance, de cette égalité d'âme que l'on admirait en lui, lorsque dans l'intimité on perçait du regard le voile d'humilité dont il s'enveloppait constamment. Chargé de remplir les fonctions d'aumônier des Carmélites, depuis la translation du monastère de ces dignes filles de sainte Thérèse de la rue des Carmélites, à la rue du Barbâtre, en 1858, il profitait avec bonheur de la facilité plus grande de vaquer à ses pieux exercices. Mais ce fut surtout dans les derniers mois de sa vie que, par une sorte de pressentiment de sa fin prochaine, il s'y appliqua avec plus de sollicitude. Sa digne sœur était surprise et édifiée de ce redoublement de ferveur, dont elle ne soupçonnait pas le motif. C'était une inspiration de la grâce que Dieu envoyait à son fidèle serviteur pour achever sa couronne.

Effectivement, à mesure qu'il avançait d'un pas plus rapide dans les voies de la perfection, il éprouvait dans son corps un malaise général, sans que rien cependant fît appréhender une catastrophe si soudaine. Le mercredi, 9 Avril, il avait encore entendu les confessions des religieuses du *Bon-Pasteur*. Ne consultant que sa piété et son dévouement, il leur avait même fait ensuite une exhortation sur la communion pascale, et, par une attention bien digne d'un homme de Dieu, voyant que les religieuses seules étaient présentes pour l'écouter, il pria qu'on fît venir aussi les enfants. Ce fut dans cet asile du dévouement héroïque et de la pénitence qu'il acheva de servir son Dieu ; il ne lui restait plus qu'à souffrir pour lui. Vers le soir de ce jour, une hémorragie violente l'abattit, comme un coup de foudre. Les médecins appelés en toute hâte déclarèrent que l'accident était très-grave et que, s'il se renouvelait, la vie du malade était en péril. Cette nouvelle répandit l'inquiétude parmi tous ceux qui connaissaient M. Thuillier. L'inquiétude se changea en alarme lorsqu'on apprit que les remèdes n'avaient pu prévenir les accidents appréhendés. On venait en foule demander des nouvelles du malade ; et, quand son état le permettait, on était heureux d'avoir accès auprès de lui. Il nous a été donné de le voir ainsi sur son lit de mort, avec le calme des jours de santé, soumis entièrement à la volonté de Dieu pour l'issue de son mal, qu'il connaissait. Il nous parlait de la mort subite qu'il avait entrevue, de la mort peut-être prochaine qui l'attendait, et nous donnait des conseils qui empruntaient de son cœur et de son état une importance suprême. Cependant on priait pour lui, on le recommandait au saint autel ; dans les communautés religieuses surtout, on redoublait d'instances auprès de Dieu et on faisait la sainte communion à son intention. Mais c'était un fruit mûr pour le ciel ; et tous ces vœux, toutes ces supplications ne devaient aboutir qu'à attirer des grâces plus abondantes sur ses derniers moments.

En dépit des réfrigérants employés, plusieurs hémorragies avaient considérablement affaibli le malade, en lui laissant toutefois une pleine connaissance. Le dimanche des Rameaux, 13 Avril, vers le soir, il demanda les derniers sacrements pour le lendemain. M. Querry, son collègue et son ami, à qui ce délai sembla périlleux, lui ayant proposé de recevoir, pour sa consolation et par prudence, le saint viatique le jour même, il accepta avec bonheur. Les sentiments de piété qui éclatèrent en lui dans cette communion dernière permettent de penser que Dieu lui fit ressentir un avant-goût des joies du ciel. La nuit suivante, ses forces diminuèrent si rapidement, qu'on jugea prudent de lui administrer l'extrême-onction, sans attendre le jour. Il suivit toutes les cérémonies avec une parfaite lucidité d'esprit, et répondit lui-même à toutes les prières, avec la ferveur qu'une foi vive peut inspirer au moment suprême. Après ces consolations de la religion, une autre bien sensible pour son cœur lui était réservée. Son Eminence Monseigneur le Cardinal Gousset, qui s'était fait rendre compte assidûment de l'état de M. Thuillier, apprenant l'imminence du péril, s'empressa de visiter sur son lit de douleur son vicaire général. Dès les six heures du matin, il était auprès du malade, lui suggérant les consolations de la foi, lui témoignant, plus encore par une émotion profonde que par des paroles, son affectueuse estime, et lui donnant sa bénédiction. Cette démarche, ces sentiments mirent le comble au bonheur de notre malade, et il recueillit ses forces défaillantes pour en exprimer sa profonde reconnaissance. Il semblait qu'il n'avait plus qu'à mourir. Mais on attendait encore de lui des consolations semblables à celles qu'il venait de recevoir. La nouvelle de la réception des derniers sacrements et de la visite du Cardinal se répandit comme un éclair. Les âmes

dévouées à M. Thuillier s'en émurent. La plupart
des communautés religieuses envoyèrent des délé-
guées pour le remercier une dernière fois de sa sollicitude et recevoir sa dernière bénédiction. Il se prêta
de grand cœur à ce que l'on désirait de lui. Il bénit,
comme un patriarche, toutes ses filles spirituelles ;
surtout il bénit avec effusion une religieuse de la
Compassion qui l'avait soigné avec autant de dévouement que d'édification dans sa trop courte maladie ;
et, après avoir rempli cette dernière fonction d'un
père, après avoir ménagé cet adoucissement aux regrets de la piété filiale, il s'endormit dans le Sei-
gneur. On était au Lundi Saint, 14 Avril 1862, vers
dix heures du matin.

Le glas, tinté par le gros bourdon de la cathédrale,
annonça bientôt à la ville et au loin la perte que le
clergé de Reims venait de faire. Cette triste nouvelle
se répandit rapidement dans le diocèse et excita par-
tout de profonds regrets, tempérés néanmoins par
l'espérance chrétienne qu'inspirait une vie si bien remplie. Le corps fut mis en chapelle ardente, et une
foule, attirée par la piété et la reconnaissance, vint
donner au défunt les dernières prières et lui exprimer
encore une fois, devant sa dépouille mortelle, ses sentiments de vénération.

Les obsèques avaient été fixées au Mercredi Saint,
16 Avril. Dès sept heures et demie du matin, un premier service fut célébré, le corps présent, dans la
chapelle des Carmélites. A neuf heures, un nombreux
clergé, réuni à la cathédrale, se rendit à cette chapelle. Après les prières de la levée du corps, le cortége
se mit en marche vers la cathédrale, où devait être

célébré le service solennel. Sous la croix de l'église
métropolitaine, venaient d'abord les élèves de la maî-
trise et les chantres de la cathédrale ; puis les élèves
du grand-séminaire, le clergé paroissial de la ville,
un grand nombre de prêtres venus des différentes parties
du diocèse, les membres du Chapitre métropolitain,
et M. Querry, vicaire général, présidant la cérémonie
funèbre au nom de Son Eminence. On voyait ensuite
le cercueil, recouvert, par-dessus le drap mortuaire,
des insignes du défunt. Les coins du poêle étaient
portés par M. Cadot, curé-doyen de Charleville ;
M. Petit, archiprêtre de Mézières ; M. Hannesse, chanoine, et M. Fournier, chanoine, archiprêtre de
Notre-Dame. Derrière le cercueil, marchaient en deuil
et conduits par M. Lambert, vicaire général, supérieur
du petit-séminaire, les parents du défunt ; les membres
du conseil de fabrique, dont M. Thuillier était vice-
président ; les délégués des administrations des hos-
pices et des communautés religieuses, et enfin une
nombreuse phalange de personnes de piété. Le
cortége descendit la rue du Barbâtre, passa par
les rues de l'Université, de Saint-Etienne, du
Cardinal-de-Lorraine, et, tournant sur le parvis
de Notre-Dame, pénétra, par le grand portail, dans la
cathédrale. Son Eminence Monseigneur le cardinal
Gousset était au trône archiépiscopal. Dans l'assistance, outre les personnes que nous avons nommées,
on remarquait M. Werlé, maire de la ville de Reims
et député au Corps législatif ; M. Gilbert, adjoint ;
M. le baron de Dion, M. le colonel de Muizon, M. le
docteur Hannequin, et plusieurs autres citoyens dis-
tingués. Après la messe chantée, après les prières de

l'absoute dites par M. Querry, Son Eminence quitta
son trône et, visiblement émue, vint bénir la représentation funèbre. Aussitôt le cortége s'ébranla, et
passant par le portail occidental, se dirigea vers le
cimetière du Nord, où furent déposés, au milieu
des regrets de la nombreuse assistance et avec les
dernières prières de l'Eglise, les restes mortels du
vénérable défunt.

Tel fut dans la vie et dans la mort le saint prêtre
que nous pleurons. Puisse cet hommage de la piété
filiale, en retraçant les grands traits de son existence,
en conserver, en fortifier et en étendre le souvenir
édifiant ! Un regard jeté sur cette vie si pure, si
chrétiennement remplie et si dignement couronnée,
n'est-il pas bien propre, en effet, à inspirer de salutaires pensées et à ranimer, à exciter les ardeurs du
zèle ? Sous un autre aspect, la vue des biens accomplis
par cet ecclésiastique modeste ne nous rappelle-t-elle
pas un grave enseignement, que l'on ne devrait jamais
oublier ? On est d'accord sur l'existence du mal parmi
nous. Il gît dans les individualités, il se fait sentir au
sein des familles, il tend à opprimer les sociétés. Mais
on se divise sur le choix du remède. Les uns le cherchent en bas, dans les expédients de la sagesse humaine;
nous, chrétiens, nous le cherchons en haut, dans les
divins trésors de la Religion. L'exemple d'un prêtre
dévoué qui, marchant sur les traces du divin Maître,
a passé sur la terre en faisant le bien ; l'exemple
d'un prêtre qui, dans des postes très-différents, a
soulagé tant de misères, adouci tant de peines, calmé
tant de chagrins, guéri tant de maux, cicatrisé tant
de blessures, en un mot, qui a fait, sans bruit et

sans éclat, tant de bien spirituel et temporel, ne nous montre-t-il pas éloquemment d'où nous doit venir surtout le salut ? Que chacun s'applique, selon ses forces, à remédier aux maux si multipliés et si profonds qui nous travaillent, nous y applaudissons dans une juste mesure ; mais ne négligeons pas, ne repoussons pas le remède le plus puissant, celui qui seul peut donner aux autres toute leur efficacité. Oui, nous en avons sous les yeux une preuve nouvelle, c'est la foi qui est le dictame de la régénération du monde ; et l'homme le plus utile à ses semblables, le plus digne de leur vénération et de leur reconnaissance, sera toujours un prêtre, comme M. Thuillier, selon le cœur de Dieu.

Reims, Imprimerie de P. DUBOIS, rue de l'Arbalète, 9.

www.ingramcontent.com/pod-product-compliance
Ingram Content Group UK Ltd.
Pitfield, Milton Keynes, MK11 3LW, UK
UKHW020143080726
13614UKWH00005B/2374